한사람
제자양육
성경공부

질문과 나눔식
양육 프로그램

한사람 제자양육원

한사람 제자양육 성경공부

질문과 나눔식 양육 프로그램

펴 낸 날　2020년 4월 15일 1판 1쇄

엮　　음　한사람 제자양육원
펴 낸 곳　야스미디어

디 자 인　나　인　북
등록번호　제10-2569호

주　　소　서울 영등포구 양산로 193 남양빌딩 310호
전　　화　02-3143-6651
팩　　스　02-3143-6652
이 메 일　yasmedia@hanmail.net
I S B N　978-89-91105-82-9　(03230)

정가 8,000원

우리가 그를 전파하여 각 사람을 권하고 모든 지혜로 각 사람을 가르침은 각 사람을 그리스도 안에서 완전한 자로 세우려 함이니 골 1:28

내 아들아 네가 그리스도 예수 안에 있는 은혜 가운데서 강하고 또 네가 많은 증인 앞에서 내게 들은 바를 충성된 사람들에게 부탁하라. 저희가 또 다른 사람들을 가르칠 수 있으리라. 딤후 2:1-2

차례

한사람 제자양육을 시작하며

교회를 이루고 있는 모든 구성원이 하나님께서 각자에게 부어주신 은사를 활용하여 한 영혼을 섬기며. 작은 목회자의 역할을 감당하는 것이 제자양육입니다.

더불어 모든 성도가 제자양육을 통하여 목회자의 마음을 품고, 목회자의 어려움을 이해하며 동역할 때, 교회는 더욱 든든히 세워져 갈 수 있으며, 세상을 향해 강력한 영향력을 끼칠 수 있을 것입니다. 예수님은 이 땅에 하나님나라 복음을 가지고 오셨습니다. 교회의 본질은 세상을 복음으로 변화시키는데 있습니다. 예수 그리스도를 영접한 성도들은 교회이며, 세상에서 불러냄을 받은 것과 동시에 세상으로 파송받은 예수 그리스도의 제자들입니다.

예수님은 부활하신 후 승천하시기 직전에 모든 족속을 제자 삼으라고 말씀하셨습니다. 마28:19-20 예수님은 세상을 구원하고 하나님나라를 확장하는 일에 우리를 도구로 쓰시기를 원하십니다. 그러므로 제자양육은 많은 것 중에서 하나로 선택할 수 있는 프로그램이 아닙니다. 예수 그리스도의 지상명령을 순종하기 위하여 모든 성도가 적극적으로 참여해야 하는 필수적인 일입니다. 제자양육은 자신이 어떤 존재이며, 어떤 삶을 살아내야 하는지 모르는 성도들에게, 이 시대와 공간속에 자신을 보내신 하나님의 뜻이 무엇인가를 깨닫고 행동하게 하는 귀한 사역입니다.

마16:16-17절에서 베드로가 "주는 그리스도시오 살아계신 하나님의 아들이시니이다." 라고 고백했을 때 예수님은 "바요나 시몬아 네가 복이 있도다." 라고 축복하시며 "내가 이 반석위에 내 교회를 세우리니 음부의 권세가 이기지 못하리라." 라고 말씀하셨습니다. 즉 예수님을 그리스도라고 고백한 우리 각 사람을 교회라고 하신 것입니다. 그리고 엡1:22-23절에서는 예수님을 "만물위에 교회의 머리로 삼으셨고 교회는 그의 몸이니"라고 말씀하십니다. 몸은 머리에 의해 움직이게 되어 있습니다. 교회의 머리되신 예수님은 이 땅에 계실 때 가르치고 전파하고 고치셨습니다. 그러므로 교회의 몸 된 우리들도 예수님처럼 가르치고, 전파하고, 고치며 주님의 교회를 세워 나가야 하며, 하나님의 나라를 확장하며 영혼을 구원하는 사역에 헌신해야 합니다. 이 일은 우리가 하는 것이 아닙니다. 단지 우리를 하나님 앞에 내어드리면, 우리 속에 계신 성령께서 우리를 도구로 사용하셔서 이루어 나가시는 것입니다.

예수님의 꿈은 모든 민족과 열방 가운데 하나님의 교회를 세우는 것입니다. 그리스도의 몸 된 교회를 세워 하나님이 다스리고 통치하는 그의 나라를 세우기를 원하십니다. 그렇기에 교회된 성도들은 끊임없이 하나님의 교회를 개척하고 세워나가야 합니다. 교회가 교회를 세워나가지 못한다면 생명이 없는 죽은 교회일 것입니다. 마찬가지로 교회된 우리 각자도 끊임없이 교회를 생산해야 합니다. 그렇지 않다면 우리가 어떤 신앙의 형태를 가졌든 죽은 교회에 불과할 것입니다. 교회된 한 사람이 또 한사람의 교회를 세워가는 것이 제자양육이며, 교회마다 왕성하게 제자양육이 이루어져 재생산을 해나갈 때, 예수님이 꿈꾸시던 하나님의 나라 눅17:20-21가 이루어 질 것입니다.

2020년 4월

한사람 제자양육원

1번째 만남

창조의 은혜

생활 숙제

1. 창1장을 읽으십시오.
2. 창1:26-27, 2:7을 암송하십시오.
3. 1번째 만남을 예습하십시오.
4. 주일설교를 요약하십시오.
5. 매일 큐티를 하십시오.

1번째 만남

창조의 은혜

사람이 살아가는데 있어 가장 중요한 일은 하나님은 누구이시고, 또 어떤 성품을 가지셨는지를 아는 일입니다. 더불어 나는 누구이고, 어디로부터 왔으며, 또 어디를 향해 가고 있는지를 아는 것 역시 중요합니다.
하나님은 어떤 분이시며 나와는 어떤 관계입니까? 왜 나는 현재의 시간과 공간속에 머무르고 있습니까? 만약 그 이유를 알지 못한다면 목적 없이 방황하며 살고 있는 것 입니다.
사람은 하나님과 교제하며 살도록 지음 받은 존재입니다. 그렇기 때문에 하나님과 인간 사이는 결코 분리될 수 없는 특별한 관계입니다.
이제까지 하나님을 어떤 분이라고 생각하셨습니까? ----------------------
하나님과 자신이 어떤 관계 속에 있는지 정확하게 알아야 인생의 목표와 이상을 바로 세울 수 있으며, 올바른 신앙의 가치관을 가질 수 있습니다.

1. 하나님은 어떤 분이십니까?

   창1:1, 2:4, 출3;14, 잠3:19-20, 렘23:24, 요4:24, 롬11:36, 딤전6:15-16

   ----

2. 하나님은 어떤 성품을 가지고 계십니까?

출15:11, 신32:4, 시86:5, 89:14, 요일4:16

나눔 하나님의 성품은 나와 어떤 관계가 있습니까?

3. 태초에 하나님이 천지를 창조하셨습니다. 하나님은 창조하신 세상을 어떻게 보시고 계십니까? 창1:4, 10, 12, 18, 21, 25

나눔 이제까지 이 세상이 어떻게 만들어졌다고 생각하셨습니까?

4. 하나님은 다른 피조물들과는 구별되게 사람을 만드셨습니다. 사람은 어떻게 만들어진 존재입니까? 창1:26, 2:7

나눔 사람이 다른 피조물들과 다르게 지어졌다는 것은 무엇을 의미합니까?

5. 하나님이 사람을 만드시고 부여하신 첫 번째 명령이 무엇입니까?

창1:28

나눔 환경을 관리해야 하는 이유가 무엇입니까?

6. 하나님이 에덴동산을 만드시고 사람을 그곳에 두셨습니다. 그리고 명령하신 것이 있습니다. 무엇입니까? 창2:16-17

나눔 하나님이 명령을 지키라고 하신 이유가 무엇이며, 만약 하나님의 명령을 어기지 않았다면 지금 어떻게 살고 있겠습니까?

7. 하나님은 여자를 어떻게 만드셨습니까? 창2:22-23

나눔 당신은 아내 혹은, 여자를 어떤 존재라고 생각하십니까?

8. 인간의 첫 번째 범죄는 어떻게 이루어졌습니까? 창3:6

나눔 우리들이 짓는 대부분의 죄는 어떤 동기로부터 시작됩니까?

죄란 하나님과의 관계가 단절된 것을 말하며, 하나님의 뜻을 벗어나 자기 자신이 주인 되어 사는 것을 말합니다. 죄는 "과녁에서 벗어났다"라는 의미와 "제멋대로 하다"라는 의미를 가지고 있습니다.
죄는 전염, 정죄, 분열, 권세라는 속성을 가지고 있으며, 아담의 범죄는 하나님 중심(의인)에서 인간 중심(죄인)으로의 신분 전환입니다.

9. 하나님의 명령을 어기고 죄를 범한 인간에게 어떤 일이 벌어졌습니까? 창3:16-19, 롬3:23, 5:12, 6:23

나눔 죄를 짓고난 이후 그로 인해 힘들었던 경험은?

10. 인간이 죄를 범한 이후 성경에 나타난 세상의 의미는 무엇입니까? 엡6:12, 요일2:16, 5:19

나눔 이제까지 세상을 어떤 시각으로 보고 있었습니까?

하나님은 우주만물을 창조하신 창조주이시며, 사람을 창조하신 분입니다.

사람은 하나님의 형상대로 창조된 존재입니다. 하나님의 형상으로 창조되었다는 것은 눈이나 귀 같은 모양이 아니라 하나님의 성품, 즉 도덕적, 정신적, 영적인 특성으로 만들어졌다는 의미로 인간은 영혼과 육체를 지닌 완전한 존재였습니다. 이렇게 창조된 인간은 생육하고 번성할 뿐 아니라 하나님의 말씀에 순종해야할 존재입니다. 하지만 아담의 범죄는 그대로 후손들에게 전가되었고, 부패한 죄성이 유전되어 죽음에 이르게 되었습니다. 인간은 영과 육의 완전한 오염으로 전적으로 무능하며, 영적으로 죽은 존재로 하나님과의 관계가 단절되었습니다.

2번째 만남

구속의 은혜

생활 숙제

1. 빌2장을 읽으십시오.
2. 빌2:6-8을 암송하십시오.
3. 2번째 만남을 예습하십시오.
4. 주일설교를 요약하십시오.
5. 매일 큐티를 하십시오.

2번째 만남

구속의 은혜

기독교 신앙의 본질과 핵심은 예수 그리스도입니다. 믿음의 모든 초점은 예수님께 맞추어져야 합니다. 그래야 우리가 믿어야 할 분명한 대상과, 믿어야 할 내용, 그리고 믿음의 고백으로 이루어지는 결과가 분명해 집니다. 죄로 인해 하나님과의 관계가 단절된 인간은 죄의 문제를 해결하지 않고는 하나님과의 관계가 회복될 수 없습니다. 문제는 인간 스스로는 죄를 해결할 수 없다는데 있습니다. 회복은 하나님의 독생자 예수 그리스도 안에서만 가능합니다. 복음이란 무엇입니까? ___________

____

만약 예수 그리스도가 누구인지 모른다면 우리는 인생에 대해서 아무것도 모르는 것입니다. 예수 그리스도가 어떤 분인지, 또 어떤 일을 하셨는지 알아야 합니다.

1. 예수님은 어떤 분입니까? 마1:21,23 3:17, 눅2:11, 요1:14, 골1:15

____

____

나눔 이제까지 예수님을 어떤 분이라고 생각해 오셨습니까?

2. 예수님은 어떤 경로로 이 세상에 오셨습니까? 마1:18-20, 2:1, 눅1:34-35

나눔 자신의 성장배경에 대해 나누어 보십시오.

3. 예수님이 인간의 몸을 입고 이 세상에 오신 이유가 무엇입니까? 눅5:32, 히2:17, 요일4:9

나눔 왜 자신이 현재의 시간과 공간속에 머무르고 있다고 생각하십니까?

* 적그리스도 요일2:22, 요이1:7

4. 예수님은 자기 자신을 누구라고 말씀하십니까? 요10:30, 14:6, 14:9

나눔 자신의 정체성에 대해 이야기해 보십시오.

5. 예수님은 공생애 기간 중 어떤 일들을 하셨습니까? 마4:23, 11:5,막1:15

나눔 이제까지 어떤 삶을 살아왔습니까?

6. 범죄의 결과로 영원히 죽을 수밖에 없는 인간들을 위해 예수님이 하신 일은 무엇입니까? 사53:5-6, 막10:45, 롬5:8

나눔 죽음에 대하여 생각해 본적이 있습니까?

아담의 범죄는 하나님 중심적의 삶(의인)에서 인간 중심적 삶(죄인)으로의 전환입니다. 인간이 범죄로 얻게 된 것은 무엇입니까?
엡2:1, 히9:27

---

7. 당신은 자신의 죄에 대하여 애통해 한 적이 있습니까? 마5:4

죄의 문제를 해결하지 않고는 어떤 누구도 하나님 앞에 나아갈 수 없습니다. 구원은 인간의 죄 값을 십자가에서 대속해 주신 예수 그리스도께만 있습니다.

8. 예수님의 십자가 죽음은 우리에게 어떤 영향력이 있습니까?

롬3:24, 5:19, 엡1:7

나눔 자신의 희생을 통해 남에게 유익을 준 경험이 있습니까?

9. 왜 예수님만이 유일한 구원자이십니까? 마1:21, 요1:29, 사53:6

나눔 이방신들과 우상들이 구원자가 될 수 없는 이유는 무엇입니까?

* 마16:16, 빌2:6-8

10. 화목제물의 의미는 무엇입니까? 마27:51, 막15:37-38, 엡2:13-16)

나눔 지금부터 어떤 삶을 살아가기를 원하십니까?

예수님은 참 하나님이시며, 참 인간으로서 인간의 죄를 대신 지고 십자가에서 죽음을 당하셨습니다. 그의 죽음은 율법이 정한 형벌을 다 이루신 죽음이었습니다. 예수님이 십자가에서 흘리신 피는 내 죄를 대속하시기 위한 속죄의 피 입니다. 예수 그리스도의 십자가 안에 하나님의 사랑이 있습니다. 십자가 안에 죄 사함, 구원, 영생, 천국이 있습니다. 성도는 매일 십자가를 묵상하며 감격이 넘쳐야 합니다.

3번째 만남

부활의 은혜

생활 숙제

1. 요11장을 읽으십시오.
2. 요11:25-26을 암송하십시오.
3. 3번째 만남을 예습하십시오.
4. 주일설교를 요약하십시오.
5. 매일 큐티를 하십시오.

3번째 만남

부활의 은혜

예수님은 부활을 통해 "메시아"(기름부음 받은 종말의 구원자)이시며, 지금도 살아서 역사하시는 하나님의 아들이심을 드러내셨습니다. 예수님의 부활은 성경에서 분명하게 증거하고 있습니다. 예수 그리스도의 부활은 역사적 사실입니다. 이것을 믿는 것이 기독교 신앙이며, 이것은 성도들의 삶과 절대적으로 연관되어 있습니다. 부활신앙은 신앙의 핵심이며 모든 고난을 이기는 엄청난 능력입니다. 나의 옛사람은 예수님과 함께 십자가에서 죽었습니다. 그리고 예수님이 부활하셨을 때 부활에 연합되어졌습니다. 그 사실을 믿으십니까?

---

1. 예수님의 부활은 성경에 예언되었던 내용을 성취하신 것입니다. 예언된 내용이 무엇입니까? 마16:21, 눅24:7, 고전15:3-4, 시16:10

나눔 예수님과 이방(거짓)신들의 차이점이 무엇입니까?

2. 예수님의 부활이 역사적 사실임을 믿습니까?

막16:6, 눅24:23, 요20:9, 엡1:20

나눔 죽고 싶을 만큼 힘든 고난 속에서 회복되어 본 경험이 있습니까?

3. 부활하신 예수님은 많은 사람들에게 나타나셨습니다. 부활하신 예수님을 만져본 사람도 있고, 함께 음식을 먹은 사람도 있습니다. 어떤 사람들이 부활하신 예수님을 만났습니까?

막16:9, 요20:19, 행1:3, 고전15:5-8

나눔 예수님을 만나 본 경험이 있습니까?

4. 예수님의 부활은 우리에게 어떤 영향력을 미칩니까?

롬4:25, 6:5, 고전15:21-22, 갈2:20

나눔 우리가 예수님의 부활에 연합되었다는 것은 무엇을 의미합니까?

5. 부활하신 예수님은 어디로 가셨습니까? 막16:19, 눅24:51, 요14:12

나눔 자신도 하늘나라에 갈 수 있다고 확신하십니까?

6. 부활하신 예수님이 하늘로 가신 목적이 무엇입니까? 요14:2-3, 15:26

나눔 나는 지금 하늘나라의 소망을 가지고 살고 있습니까?

7. 하나님은 부활하신 예수님께 어떤 권세를 주셨습니까? 엡1:20-22, 빌2:9-11

나눔 예수님의 권세는 나에게 어떤 영향력을 미칩니까?

8. 하나님께서 우리를 예수님의 부활에 연합시키신 이유가 무엇입니까? 엡2:4-7, 빌3;21

나눔 부활에 연합된 자로서의 합당한 삶을 살고 있습니까?

예수님은 부활하심으로 참 하나님이시고, 참 인간이심을 확증하셨으며, 만왕의 왕, 만주의 주가 되셨습니다. 예수님의 죽으심과 부활은 기독교의 핵심 복음입니다. 이것을 믿는 것이 기독교 신앙이며, 이것은 성도들의 삶과 절대적으로 연관되어 있습니다. 예수님의 육체적 부활은 신자들의 부활의 첫 열매입니다. 그러므로 예수 그리스도의 부활에 연합된 성도들은 부활의 증인된 삶을 살아야 합니다. 성도는 세상 사람들과 더불어 세상 속에서 살아가지만 세상 법에 적용되는 사람들이 아니라 예수님께서 통치하시는 거룩한 나라의 생명의 법을 적용받는 하늘나라의 시민권자들입니다. 빌3:20

4번째 만남

영생의 은혜

생활 숙제

1. 엡2장을 읽으십시오.
2. 엡2:8-9, 요5:24을 암송하십시오.
3. 4번째 만남을 예습하십시오.
4. 주일설교를 요약하십시오.
5. 매일 큐티를 하십시오.

4번째 만남

영생의 은혜

예수 그리스도를 자신의 구세주로 믿고, 영접한 사람은 하나님의 자녀로 신분이 바뀌게 됩니다. 구원의 주체는 하나님이십니다. 구원을 위하여 하나님이 제시하신 방법은 예수 그리스도이시며, 우리가 취할 방법은 예수 그리스도를 나의 구주와 나의 하나님으로 믿고 영접하는 것입니다. 그 결과로 우리는 죄 사함과 더불어 영원한 생명을 얻습니다. 이 모든 것은 우리를 향하신 하나님 아버지의 극진하신 사랑 때문에 이루어지는 것입니다.

예수 그리스도를 보내주신 것은 우리를 구원에 이르게 하시는 하나님의 일방적인 선물입니다.

1. 예수님을 믿기 전 우리는 어떤 존재였습니까? 롬3:10, 3:23, 5:12

나눔 예수님을 믿기 전 어떤 삶을 살았습니까?

* 예수님이 없는 사람들의 특징 3가지를 찾아보십시오. 엡2:1-3

---

2. 구원을 받기 위해 우리가 해야 할 일은 무엇입니까?

요3:16, 롬10:9-10, 행2:21

나눔 예수님을 믿게 된 동기는 무엇입니까?

* 이제까지 자기 인생의 주인은 누구였습니까? 예수님만이 자기 인생의 주인이심을 인정하십니까?

3. 예수님을 믿고 영접한 사람은 신분이 바뀝니다. 어떤 신분이 됩니까?

롬3:24, 5:1, 5:19

나눔 신분이 왜 중요한지 그 이유에 대해 나누어 보십시오.

4. 예수님을 영접한 사람들이 누리는 혜택이 무엇입니까?

요5:24, 6:47, 갈3:26, 빌3:20

나눔 예수님을 영접하고 어떤 혜택을 받으셨습니까?

5. 예수님을 영접하고 하나님의 자녀가 된 사람들에게 나타나는 반응은 무엇입니까? 롬5:10-11, 살전5:16-18, 요일4:11

나눔 예수님을 믿고 무엇이 변했습니까? (가치관, 언어, 습관, 관계, 비전)

6. 예수님을 구주로 영접한 사람들은 어떤 삶을 살아야 합니까?

마28:18-19, 고후5:15, 빌1:29, 요일3:16

나눔 예수님을 믿고 구원받은 하나님의 자녀로서 어떤 삶을 살기 원합니까?

7. 예수님으로 인해 받은 구원을 잃어버릴 수 있습니까?

요10:28-29, 롬8:38-39

나눔 하나님의 신실하신 은혜에 대해 나누어 보십시오.

믿음이 나로부터 시작되었다면 얼마든지 무너질 수 있습니다. 우리가 얼마나 결심과 각오를 잘합니까? 그것이 얼마나 유지됩니까? 믿음은 하나님께로부터 시작되었습니다. 그리고 지금도 우리를 붙잡고 계십니다. 그런 우리를 하나님의 손에서 빼앗을 자는 아무도 없습니다. 하나님께서 지켜주십니다.

8. 예수님이 지금 당신 안에 계십니까? 요 14:20, 요일5:11-13

나눔 예수님을 모르던 때와, 영접한 지금은 어떤 차이가 있습니까?

영적정체성의 변화 (칭의, 성화, 영화) : 믿음으로 의인이라 불리는 것을 칭의 라고 합니다. 죄로 인해 영원한 사망으로 갈 수 밖에 없었던 우리가 예수님을 구주로 영접하게 되면 하나님이 예수님의 의를 우리에게 덧입혀 주십니다. 즉 예수님의 완전한 의로우심 안에 우리가 있게 되는 것입니다. 예수님의 의로우심을 입은 우리는 더 이상 죄인이라고 정죄되는 것이 아니라 하나님의 법정에서 의인이라고 선언됩니다. 하지만 예수님을 영접하여 칭의 된 우리들에게도 여전히 죄의 본성이 남아있습니다. 이렇게 남아 있는 죄의 본성은 성화의 과정을 통하여 다듬어지다가 죽음과 부활을 통해 완전히 사라지게 됩니다. 칭의가 하나님 앞에서 우리를 의로운 신분으로 변화시킨 사건이라면, 성화는 우리의 본성이 예수 그리스도를 닮아 거룩해져 가는 과정입니다. 칭의와 성화는 믿음으로 예수님과 연합한 자들에게 주어지는 특별한 혜택입니다.

5번째 만남

성 령

생활 숙제

1. 요14장을 읽으십시오.
2. 요14:16-17을 암송하십시오.
3. 5번째 만남을 예습하십시오.
4. 주일설교를 요약하십시오.
5. 매일 큐티를 하십시오.

5번째 만남

성 령

하나님이 우리에게 주신 가장 귀한 선물은 예수 그리스도입니다. 예수님의 십자가 대속으로 인해 우리는 용서와 더불어 하나님의 자녀가 되었으며 영원한 생명을 얻었습니다. 예수님은 우리를 구원하시고자 십자가위에서 모든 법적인 처리를 이루어 놓으셨습니다. 이 사실을 우리로 하여금 깨닫게 하고, 믿고 확신케 하며, 구원의 기쁨과 감격을 누리게 하시는 분이 성령님입니다. 성령님은 영이시기 때문에 보이는 형체도 없고 만질 수도 없습니다. 하지만 시간과 공간을 초월하셔서 역사하시는 무소부재하신 분이시며, 지성, 감성, 의지를 지닌 인격체이십니다. 성령님은 성부하나님께서 세상을 창조하실 때도 함께 계셨고, 성자 예수님이 십자가에 죽으시고 부활하셨을 때도 함께 계셨던 삼위일체 하나님이십니다.

1. 성령님은 어떤 분입니까? 요14:16-17, 16:13-14, 롬8:9, 요일5:5-7

나눔 성령을 받으셨습니까?

삼위일체 하나님은 믿음의 대상이지 이해의 대상이 아닙니다. 삼위일체 하나님을 논리적으로 설명하기란 쉽지 않습니다. 그러나 믿으면 느끼게 됩니다.

위/휘포스타시스

구별은 되나 분리되지 않은 상태 즉 삼위일체란 셋으로 구별되나 분리되지 않은 상태로, 하나님의 본질은 하나이지만 세 개의 위격이 존재하는 것을 말합니다.

삼위일체에 대하여 어렵다고 생각할 필요도 없고 너무 깊이 들어 갈 필요도 없습니다. 성부 하나님, 성자 예수님, 성령 하나님은 신비적 연합입니다. 삼위는 모습만 바꾼 것이 아니라, 서로 다른 위격을 가지고 있으면서 한분 하나님으로 존재하십니다. "보혜사"라는 뜻은 보호하시고 은혜를 "베푸는 자"라는 뜻입니다. 삼위일체는 있는 그대로 받아들이는 것이 중요합니다.

기독교 신앙은 유일신 신앙입니다. 그런데 유일하신 한분 하나님은 성부와 성자와 성령 세 인격의 연합체로 존재하십니다. 다시 말하여 한분 하나님이 단일 인격적 존재가 아니라 셋이라는 다양한 인격의 연합체라는 뜻입니다. 성부와 성자와 성령 세 위격은 동일한 신적 본질을 공유하고 계십니다. 그리고 영광과 존귀와 권위에 있어서 완전히 동등하십니다. 그러나 성부와 성자와 성령은 서로 구별되시는 위격입니다. 이렇게 구별되는 세 위격의 통일체가 영원하신 한분 하나님이시라는 사실이 우리 기독교 신앙과 다른 종교들을 절대적으로 구별해 주는 점입니다.

세 위격이 통일체를 이루고 있다는 것은 상호내주, 혹은 상호침투, 상호참여라는 뜻으로 이해될 수 있습니다. 즉 성부와 성자와 성령 세 인격이 구별되시지만 성부는 성자와 성령 안에, 성자는 성부와 성령 안에, 성령은 성부와 성자 안에 내주해 계시기 때문에 서로가 결코 분리될 수 없는 완전한 통일체를 이루고 계신다는 의미입니다. 삼위간의 영원한 상호내주는 요한복음에서 찾아볼 수 있는데, 예수님은 당신이 아버지 안에 계시고, 아버지가 당신 안에 계시다는 것과 아버지와 나는 하나이다 요10:30,38 라고 말씀하는 것에서 확인할 수 있습니다.

* 예수님과 성부하나님 구별 막10:17-18, 동일 요10:30
* 성령님과 성부하나님 구별 요14:16, 동일 행5:3-4
* 예수님과 성령하나님 구별 요16:7, 동일 갈4:6

2. 성령님은 어떤 일을 하십니까?

1) 요15:26, 고전12:3

---

2) 요14:26, 롬8:15-16

---

3) 요16:8

4) 롬8:26, 요7:37-39

5) 고전12:4-11, 엡4:11-12

나눔 당신은 성령의 도구된 삶을 산다고 생각하십니까?

3. 우리 각 사람 가운데 내주하시는 성령님이 상황에 따라 떠나가실 수 있습니까? 요16:8, 롬8:26, 엡4:30

나눔 성령님이 나와 함께 하지 않는다고 실망한 적은 없습니까?

성령께서 영구적으로 내주하신다는 것이 항상 성령 충만한 상태로 살게 될 것을 의미하는 것은 아닙니다. 우리 안에 내주하시는 성령은 우리의 죄악과 교만을 책망하시기도 하시며, 우리가 잘못 가던 길에서 돌아서기를 기다려 주시기도 하시고, 말할 수 없는 탄식으로 친히 간구하시기도 합니다. 때때로 우리는 성령이 우리를 떠나신 것이 아닐까 의심할

때가 많이 있습니다. 특히 본의 아니게 죄를 지은 후 더욱더 그런 생각을 합니다. 성령은 결코 우리를 떠나지 않습니다. 그렇기에 우리는 성령을 근심시키는 일을 하지 않아야 합니다.

＊ 보혜사(헬라어: 알로스 파라클레토스)란 "돕기 위하여 부르심을 받아 항상 곁에 계신 이"라는 뜻입니다.

4. 성령충만을 받으려면 어떻게 해야 합니까? 행2:1-4, 10:44-45

나눔 당신은 성령 충만을 사모하여 구체적인 행동을 한 적이 있습니까?

이천년 전에 골고다 언덕의 십자가위에서 이루어진 사건을 현재의 시간과 공간속에서 나의 것으로 만들어 주시고 누리게 하시는 분이 성령님입니다. 구약시대에 성령은 하나님의 백성 가운데 소수의 사람에게 일시적으로 임하셨습니다. 그러나 성령님은 오순절 성령강림 사건 이후 예수를 믿고 영접한 모든 자에게 부어지시고 내주하시며 영원토록 함께 하십니다.

5. 성령 충만이란 무엇입니까? 엡3:8-9, 5:18-21, 요일4:7-8

나눔 나는 이제까지 누구의 지배 가운데 있었습니까?

성령 충만한 사람은 자신의 모든 삶속에서 하나님을 의식하며 살아갑니다. 또한 예수 그리스도의 인격과 성품 그리고 사랑이 드러납니다. 술은 사람의 이성을 잃게 하지만 성령은 타락한 이성을 회복시킵니다.

6. 성령 충만을 받아야 되는 이유가 무엇입니까?

롬7:22-25, 8:13-14, 갈5:17

나눔 성령의 인도함을 받지 않은 신앙생활은 어떻게 나타납니까?

7. 육체의 갈등을 이기려면 어떻게 해야 합니까? 롬8:5-10

나눔 육신의 소욕대로 살다가 실족한 경험을 나누어 보십시오.

8. 성령의 충만함을 받은 사람들은 어떤 삶을 살아갑니까?

행1:8, 2:42, 4:31, 갈5:22-23

성령님은 삼위일체 하나님이시고 인격자이십니다. 모든 분야에서 그분의 주권과 통치권을 인정하고 우리의 삶을 다스려 주시기를 원할 때 우리 가운데 충만히 임하실 것입니다. 보혜사 성령님은 언제 어디서나 우리와 함께 하십니다. 눈동자같이 우리를 지키시고 보호하시는 무소부재하신 그리스도의 영이십니다.

6번째 만남

교 회

생활 숙제

1. 마16장을 읽으시오.
2. 마16:16-18을 암송하십시오.
3. 6번째 만남을 예습하십시오.
4. 주일설교를 요약하십시오.
5. 매일 큐티를 하십시오.

6번째 만남

교 회

진정한 교회란 어떤 것입니까? 예수님은 마16:16-18절에서 베드로의 고백이 있은 직후 베드로를 향하여 "너는 베드로라 내가 이 반석 위에 내 교회를 세우리니 음부의 권세가 이기지 못하리라"고 말씀하셨습니다. 이처럼 진정한 교회는 예수를 그리스도로 고백하고 영접한 우리 성도들입니다. 그래서 바울은 고전3:16절에 "너희가 하나님의 성전인 것과 하나님의 성령이 너희 안에 계시는 것을 알지 못하느냐"고 말했습니다. 예수 그리스도가 이 땅에 오셔서 하나님의 나라를 선포하실 때에 교회당을 건축하고서 설교하신 것이 아닙니다. 사람들이 모일 수 있는 장소라면 어느 곳에서든지 가르치시고, 전파하시고, 고치셨습니다. 하나님을 예배하기 위하여 회중이 모이며, 말씀을 공부하고 신앙을 훈련하는 외형적인 건물도 중요합니다. 하지만 예수님을 주로 영접한 성도가 예수님이 공생애 기간 동안 하신 일(가르치고, 전파하고, 고치는)을 지속한다면 그것이 진정한 교회입니다.

1. 역대하 6:18-42절을 읽고 구약에 나타난 예루살렘 성전에 대하여 요약해 보십시오.

나눔 구약과 신약의 교회는 어떻게 다릅니까?

2. 교회란 무엇입니까? 마16:16, 고전1:2, 고전3:16-17

나눔 이제까지 무엇을 교회라고 생각했습니까?

3. 교회의 주인은 누구입니까? 엡1:22-23

나눔 당신은 교회 공동체에 적극적으로 참여하고 있습니까?

4. 교회는 헬라어로 "에클레시아"라고 합니다. "에클레시아"에 내포되어 있는 뜻은 무엇입니까? 사43:1, 요15:16

나눔 나를 교회 삼아 주신 이유가 무엇입니까?

5. 교회를 이루고 있는 직분은 어떤 것들이 있으며, 직분을 세우신 이유는 무엇입니까? 엡4:11-12

나눔 왜 맡은 직분에 충성해야 합니까?

6. 교회는 모이는 교회와 흩어지는 교회의 2가지 기능이 있습니다. 모이는 교회의 기능은 무엇입니까? 마6:33, 18:20, 요4:23-24

교회의 기능 중 가장 중요한 것은 하나님께 예배드리는 것입니다. 예배의 중요한 요소는 무엇인지 요약해 보십시오.

대상16:29, 행2:42, 골3:16

나눔 어떻게 드리는 예배가 하나님이 기뻐 받으시는 예배인지 나누십시오.

7. 흩어지는 교회는 무엇을 말하며 기능은 무엇입니까?

마4:23, 28:19-20, 요20:21

나눔 나는 교회로서의 삶을 살고 있습니까?

8. 예수님이 교회된 우리 각자에게 주신 약속은 무엇입니까?

마16:18-19, 28:20

나눔 예수님이 교회된 우리와 늘 동행하시고 인도하신다는 것을 믿습니까?

교회는 건물이 아닙니다. 예수님을 구세주로 고백하는 신앙공동체입니다. 교회는 그리스도께서 피 흘려 값 주고 사신 성도들 입니다. 교회는 예수 그리스도의 구원을 선포하고 전하는 은혜의 통로입니다. 그런 의미에서 교회는 세상의 소망입니다. 교회만이 어두운 세상에 빛을 밝히고, 상한 곳을 회복시킬 수 있는 유일한 곳입니다.

7번째 만남

성 례

생활 숙제

1. 고후5장을 읽으십시오.
2. 고후5:17을 암송하십시오.
3. 7번째 만남을 예습하십시오.
4. 주일설교를 요약하십시오.
5. 매일 큐티를 하십시오.

7번째 만남

성 례

기독교에는 성례전이라고 하는 아주 중요한 예식이 있습니다. 성례전은 세례와 성찬을 의미하는 것으로 거룩한 예식이라는 뜻을 가지고 있습니다. 기독교의 핵심 예식으로서 십자가에 달려 죽으시고 부활하신 예수 그리스도를 구주로 영접한 성도들이 그리스도 예수와 연합되었다는 증표로서 예수님께서 직접 제정하신 예식입니다.

1. 세례

1. 세례의 의미는 무엇입니까? 막16:16, 롬6:4, 행2:38, 벧전3:21

나눔 세례는 누가 줄 수 있습니까?

2. 세례는 누구의 이름으로 행해집니까? 마28:19

나눔 당신은 언제, 어떤 마음가짐으로 세례를 받으셨습니까?

3. 세례를 통해 새롭게 변화된 우리는 어떤 신분을 소유하게 되었습니까? 롬6:11, 고후5:17

나눔 죄를 용서해 주시는 분은 누구입니까?

4. 세례는 그리스도 예수와 하나 되는 연합을 의미합니다. 자신도 그리스도와 연합되었음을 확신하십니까? 갈3:27, 골2:12

나눔 세례 교인으로서 공동체에 참여하고 있습니까?

세례는 그리스도인 개개인이 하나님 은혜의 언약백성이 되었음을 확인하는 증표입니다. 그리스도 예수 안에서 새로운 피조물이 되었음을 하나님과 교회 앞에서 공표하는 복된 예식입니다.

2. 성찬

1. 성찬의 의미는 무엇입니까? 고전10:16-17

나눔 성찬에 참여할 수 있는 자격은 무엇입니까?

2. 성찬은 누가, 언제 제정하신 예식입니까?

마26:26-28, 막14:22-24, 고전11:23

---

3. 성찬은 무엇을 기념하는 예식입니까? 눅22:19-20

---

4. 성찬에 참여하는 우리가 선포해야 할 내용은 무엇입니까? 고전11:26

---

5. 성찬의 떡과 포도주는 예수 그리스도의 몸과 피를 의미한다는 사실을 믿습니까? 요6:35, 요6:53-55, 고전11:23-26

---

6. 성찬에 참여할 때에 주의할 것은 무엇입니까? 고전11:27-29

나눔 어떤 마음으로 성찬에 참여하고 있습니까?

성례전은 예수 그리스도의 삶, 죽음, 부활과 성령의 임재를 통해 예수 안에서 하나 된 거룩한 성도들이 어린양의 혼인잔치를 미리 맛보는 거룩한 예식입니다. 또한 하나님의 사랑이 얼마나 크고 놀라운지 우리가 직접 볼 수 있게 하신 은혜의 사건이며, 성도들 간의 공동체 의식을 확인하는 예식입니다.

8번째 만남

성 경

생활 숙제

1. 요20장을 읽으시오.
2. 요20:31을 암송하십시오.
3. 8번째 만남을 예습하십시오.
4. 주일설교를 요약하십시오.
5. 매일 큐티를 하십시오.

8번째 만남

성 경

그리스도인이 하나님을 사랑한다는 것은 성경말씀을 사랑한다는 말과 같은 것입니다. 말씀을 가까이 하지 않으면서 하나님을 사랑한다는 것은 잘못된 것입니다. 성경말씀 속으로 들어가야 이제까지 참고, 안타깝게 나를 기다리시고 계셨던 하나님 아버지를 만날 수 있습니다. 탕자를 기다리시는 아버지의 사랑이 그 속에 녹아져 있는 것입니다. 하나님은 성경을 통하여 우리에게 말씀하십니다. 또한 성경은 그리스도인의 삶에 필수적인 매뉴얼입니다.

성경이 내 삶에 어느 정도의 영향을 주고 있습니까? ______________

그리스도인으로 산다는 것은 이 땅에서의 삶이 영적전쟁 속에 놓여있다는 것을 의미합니다. 영적전쟁을 하며 살아가야하는 그리스도인에게는 무기가 있어야 합니다. 그리스도인의 무기는 하나님의 말씀이며, 말씀을 익숙하게 사용할 수 있는 훈련을 해야 합니다. 교회된 성도가 세상과의 싸움에서 승리하려면 반드시 말씀의 인도를 받아야 합니다.

1. 성경은 언제, 누구에 의해 기록되었습니까?

____

____

나눔 당신에게 성경은 어떤 의미의 책입니까?

성경의 개요

* 기록연대(1500-1600년간)
* 기록자(36-40여명)
* 저작의 이중성(하나님-사람)
* 기록자간의 시대, 문화, 특성, 사회적 배경은 다르지만 모든 초점은 예수 그리스도께 맞추어져 있습니다.
* 성경은 총 66권으로 (구약) 39권-929장-대부분 히브리어, (신약) 27권 -260장-헬라어, 예수 그리스도 강림이전에 기록된 것을 구약, 강림이후의 기록을 신약성경
* 등장인물(2,930명)
* 지명(1,551곳)
* 성경은 문학, 철학, 역사, 법률, 보건, 예술 등 모든 지식의 근원입니다. 가장 중요한 것은 우리의 구원자이신 예수님에 대하여 쓰여진 책입니다.
* 성경에 나타난 율법은 총 613개(Don't-365개, Do-248개)
* 사람의 본분 - 하나님을 경외하고 그 말씀을 지키는 것.

2. 성경의 기록 목적은 무엇입니까? 요5:39, 20:31

나눔 당신이 성경을 읽는 목적은 무엇입니까?

* 요한복음에 나타난 예수님은 어떤 분입니까?
요1:14, 6:35, 8:12, 10:7, 10:11, 11:25, 14:6, 15:1

---

3. 성경이 가지고 있는 4가지 기능과 목표는 무엇입니까? 딤후3:16-17

나눔 매일의 삶속에서 말씀을 얼마나 적용하고 있습니까?

4. 성경공부를 해야 하는 이유가 무엇입니까?

1) 출3:14, 호6:3,6, 요1:1, 요일5:20

2) 창1:26-27, 2:7, 롬3:23-24

3) 마28:18-20, 행1:8, 엡2:4-7, 살전5:16-18

나눔 성경공부를 해본 경험이 있다면 나누어 보십시오.

5. 성경말씀을 어떤 마음가짐으로 대해야 합니까?

신11:18, 시119:97, 103, 127, 잠2:4-5, 행17:11, 벧전2:2

나눔 성경을 대할 때 말씀 속에서 나를 기다리시는 하나님을 기대합니까?

6. 성경말씀과 동행하는 삶을 살아갈 때 어떤 유익이 있습니까?

시119:97-105, 엡4:13-14, 히4:12

나눔 말씀이 자신을 회복시킨 경험을 나누십시오.

7. 성경에서 말하고 있는 "복"의 개념은 무엇입니까?

신30:9-10, 시1:1-3, 수1:8

나눔 당신은 이제까지 무엇을 축복이라고 생각하셨습니까?

인생의 문제 앞에서 말씀만 붙잡고 산다는 것은 쉽지 않은 일입니다. 그럼에도 불구하고 하나님의 백성은 말씀을 붙들고 살아야 합니다. 말씀을 막는 장애물들을 과감히 제거해야 합니다. 말씀 없는 축복은 축복이 아닙니다.

8. 우리가 말씀 앞으로 나가려 할 때 무엇이 방해합니까?

마13:18-22, 요일2:16

나눔 최근에 나를 방해하는 요인은 무엇입니까?

9. 왜 고난 속에서도 성경말씀을 붙들어야 합니까?

시119:71, 92, 105, 130, 마6:33

나눔 위기에서 말씀이 나를 건져줄 수 있다고 믿습니까?

성경을 가르치지 않는 것은 성도들로 하여금 세상으로 다시 돌아가라는 것과 마찬가지입니다. 성도들이 말씀으로 훈련되어야 신앙이 요동치지 않고 신앙의 뿌리를 든든하게 내릴 수 있습니다. 구원받은 하나님의 자녀가 성경 말씀을 통하여 가르침을 받는 것은 너무나 당연한 일입니다. 세상에서 하나님께로 왔으니 하나님나라의 법도와 체계와 규칙을 배워야 합니다.

9번째 만남

기 도

생활 숙제

1. 눅22장을 읽으십시오.
2. 눅22:42 암송하십시오.
3. 9번째 만남을 예습하십시오.
4. 주일설교를 요약하십시오.
5. 매일 큐티를 하십시오.

9번째 만남

기 도

예수님을 믿는 사람들은 하나님께 기도할 수 있는 특권을 가지고 있습니다. 기도는 하나님의 주권을 인정하는 것이며, 자기를 포기하는 행위입니다. 따라서 기도는 나의 계획을 관철시키기 위해 하나님을 움직이거나 하나님을 조종하는 수단이 아닙니다. 기도는 하나님과의 친밀한 소통이며, 나를 뛰어 넘어 하나님의 지경 안으로 들어가 하나님의 크고 비밀한 경륜을 경험하는 것입니다. 우리의 기도를 들어주시고 응답해 주시는 분은 하나님이십니다. 따라서 기도와 겸손은 함께 갑니다. 자신이 무엇인가를 이루어낼 수 있다고 생각하는 교만한 사람은 기도하지 않습니다. 그러나 겸손한 사람은 늘 하나님의 도우심의 손길을 구합니다. 기도가 목적 지향적이 되면 안 됩니다. 기도는 나를 통해 이루실 하나님의 뜻을 알아 가는 것입니다.

1. 기도란 무엇입니까? 요14:13, 15:7, 히4:16

나눔 당신에게 기도란 무엇입니까?

기도는 예수님의 이름으로 성령님의 인도하심을 받아 하나님의 임재 앞에 나가는 것입니다.

2. 무엇을 기도해야 합니까? 마6:9-13, 6:31-33, 행1:8

나눔 이제까지 당신의 기도의 초점은 어디에 맞추어져 있었습니까?

내 기도가 나의 삶을 통해 하나님의 뜻과 계획이 이루어지길 소원하는 기도를 드리고 있는가? 점검하십시오.

3. 어떻게 기도해야 합니까? 엡6:18-19, 골4:2, 살전5:17

나눔 기도를 못(안)하는 이유가 무엇인지 나누어 보십시오.

4. 왜 기도해야 합니까? 골4:3. 삼상12:23

예수님은 언제 기도하셨으며, 왜 기도하셨습니까? 막1:35, 눅5:15-16

나눔 예수님의 기도와 자신의 기도를 비교해 보십시오.

우리의 기도가 예수님과 함께 십자가를 질 수 있는 능력을 달라는데 초점이 맞추어져야 합니다. 어찌하던지 십자가를 피해가게 해달라는데 목적을 둔다면 우상에게 절하는 세상 사람들과 다를 것이 없을 것입니다.

혹, 세상 사람들이 우상들에게 절하며 구하는 것들을 우리도 구하고 있는 것은 아닌지 점검해 보아야 합니다. 구하지 않았음에도 불구하고 잘되는 것은 진정한 축복이 아닙니다.

5. 기도하는 사람의 자세는 어떠해야 합니까? 마6:6, 21:22, 빌4:6, 히11:6

나눔 나의 기도를 반드시 응답해 주실 것이란 믿음이 있으십니까?

6. 하나님은 우리의 기도를 어떻게 응답하십니까? 마7:7-8, 16:19, 요16:24

나눔 기도의 응답을 받아 본 경험을 나누어 보십시오.

7. 기도가 응답되지 않는 이유가 무엇입니까?
마6:14-15, 요9:31, 약4:3, 사1:15-17, 59:1-2

나눔 기도의 응답을 못 받아 하나님을 원망해 본 경험이 있으십니까?

8. 중보기도는 다른 사람이나 공동체를 위한 기도입니다. 어떻게 기도해야 합니까? 행1:14, 롬12:15, 딤전2:1, 약5:14-16

나눔 당신의 중보기도 대상은 누구입니까?

하나님은 언제나 기도하는 사람들과 함께 하십니다. 기도하면 하나님이 일하기 시작하시며, 하나님의 능력이 나타나기 시작합니다. 하지만 기도한다고 내가 원하는 대로 다 응답해 주시진 않습니다. 그러나 지금 당장 응답이 없었던 것도 시간이 지난 뒤에 응답해 주신 것이라는 것을 알게 됩니다.

9. 특별한 기도

합심기도 행2:1, 12:5, 16:25-26

금식기도 마6:16-18, 행13:2-3, 사58:6-9, 욜2:12-14

나눔 금식을 하며 기도하는 이유는 무엇입니까?

기도는 강요나 율법적인 요구가 아니라 예수그리스도를 믿고 죄 사함의 은혜를 체험한 성도가 누리는 특권입니다. 또한 기도는 나를 향하신 하나님의 뜻을 알기 위한 과정입니다. 그렇기에 쉬지 않고 기도하는 지속성이 중요합니다. 예수님께서 겟세마네 동산에서 아버지의 뜻을 순종하

기 위하여 피와 땀을 쏟으시며 기도하셨을 때 성령의 능력이 임하셨습니다. 이처럼 기도에 능력이 있는 것이 아니라 기도를 할 때 성령의 능력이 나타납니다. 그렇기에 기도는 최후 수단이 아니라 성도가 가장 먼저 해야 할 일입니다. 생각하면 문제와 상황이 커 보이고 사람이 보이기 시작하지만, 기도하면 하나님이 보이고 상황을 이겨 나갈 수 있는 길이 보이기 시작합니다.

10번째 만남

전 도

생활 숙제

1. 마28장을 읽으십시오.
2. 마28:18-20을 암송하십시오.
3. 10번째 만남을 예습하십시오.
4. 주일설교를 요약하십시오.
5. 매일 큐티를 하십시오.

10번째 만남

전 도

우리가 구원받은 하나님의 자녀라면 세상적인 것과 영적인 것을 분리하면 안 됩니다. 우리의 삶은 하나님의 나라가 이 땅 가운데 이루어지고 넓혀져 가는데 쓰임 받는 성령의 도구가 되어야 합니다.

하나님은 우리를 사용하셔서 아직까지 복음을 듣지 못한 사람들에게 예수님의 구원을 전하는 전도자로 사용하기 원하십니다. 교회가 존재하고 부흥해야 하는 이유도 세상에 복음을 전해야 하기 때문입니다.

세상에서 가장 무서운 일은 그리스도인들이 복음을 말하지 않고 침묵하는 것입니다. 우리는 예수그리스도의 십자가 대속으로 인한 구원의 복된 소식을 세상 모든 사람들에게 알려야 합니다. 전도는 주님이 주신 사명, 즉 명령이며 우리는 하나님의 구원과 은혜의 통로로서의 삶을 살아야 합니다.

1. 예수님이 오신 이유가 무엇입니까? 마1:21, 눅5:32, 딤전1:15

나눔 예수님이 오신 것이 나와 무슨 관계가 있습니까?

2. 전도가 무엇입니까? 마9:36, 고전1:21, 유1:23

나눔 예수님이 우리를 구원하신 이유가 무엇입니까?

전도는 명령입니다. 명령은 내 의지가 개입되는 것이 아닙니다. 전도는 세상을 구원하시는 하나님의 지혜이며 하나님의 능력의 통로입니다.

3. 전도를 해야 되는 이유가 무엇입니까?

마28:19-20, 롬1:16, 10:13-15, 행16:31

나눔 전도를 하지 못하는 이유가 무엇입니까?

4. 무엇을 전해야 합니까? 요14:6, 행4:12, 고전1:23-24

나눔 이제까지 전도할 때 핵심내용이 무엇이었습니까?

5. 언제 전도해야 합니까? 행1:8, 딤후4:2

나눔 전도가 생활화되기 위해선 무엇을 어떻게 해야 합니까?

전도는 잃어버린 한 영혼을 안타깝게 찾으시는 하나님아버지의 마음을 갖는 것입니다. 그렇기에 전도는 잘하고 못하는 것이 중요한 것이 아닙니다. 예수님의 십자가 구속의 은혜로 구원받은 성도들이 마땅히 순종해야 될 의무입니다. 성공과 실패는 성령님의 역사하심에 맡기고, 성도는 단지 순종만 하면 됩니다. 하나님은 순종하는 자를 통해 구원의 역사를 이루어 가십니다.

6. 전도자의 삶은 어떠해야 합니까? 마5:16, 빌2:15, 벧전3:15

나눔 내 삶에서 고쳐야 될 부분은 어떤 것들 입니까?

세상이 하나님을 발견할 수 있는 유일한 통로는 교회이고 성도들입니다. 교회된 성도들은 예수님의 사랑과 용서, 그리고 관용을 드러낼 수 있어야 합니다. 또한, 그리스도인들이 세상 사람들을 바라볼 때, 그들의 영혼가운데 하나님의 나라(예수 그리스도)가 도래하지 않았음을 가슴아프게 여기며 복음을 말할 수 있어야 합니다.

7. 전도자는 어떻게 준비해야 합니까? 고전2:4-5, 골1:28-29

나눔 당신은 전도를 하기 위해 무엇을 준비하고 있습니까?

8. 요1:41-48절을 읽고 안드레와 빌립이 취한 행동에 대해 요약하십시오.

나눔 당신은 예수님을 전할 목적으로 친구를 찾아가고 있습니까?

9. 전도의 결과는 어떻게 나타납니까? 롬6:18,22, 골1:21-22, 딤후2:26

나눔 당신으로 인해 복음을 받아들인 사람이 얼마나 됩니까?

교회의 존재이유는 전도와 선교입니다. 교회는 십자가의 피 묻은 복음을 모든 민족과 열방에 전해야 합니다. 하나님은 모든 민족과 열방에 복음이 전해져서 그들이 구원받고 하나님을 예배하기를 원하십니다. 예수 그리스도를 영접하고 교회된 우리 모두는 이미 복음의 전도자들 입니다. 전도자의 삶은 복된 소식, 즉 예수님이 구원자이심을 전하는데 모든 초점이 맞추어져야 합니다.

11번째 만남

고 난

생활 숙제

1. 벧전4장을 읽으십시오.
2. 벧전4:12-13을 암송하십시오.
3. 11번째 만남을 예습하십시오.
4. 주일설교를 요약하십시오.
5. 매일 큐티를 하십시오.

11번째 만남

고 난

그리스도인들에게도 고난은 피할 수 없습니다. 믿음은 고난 가운데서 어떻게 행동하는가? 로 결정됩니다. 자신 앞에 놓여진 문제와 상황을 넘어서서 십자가에서 승리하신 예수 그리스도를 바라보는 것이 참 믿음입니다.

공중권세 잡은 자 곧 마귀는 하나님의 교회된 성도들을 쓰러뜨리려 영적으로 쉬지 않고 공격을 합니다. 그러나 우리를 힘들게 하는 고난은 걸림돌이 아니라 하나님이 함께 하심으로 영적으로 한 단계 더 도약하는 디딤돌이 됩니다.

1. 고난은 왜 찾아옵니까? 빌1:29, 요일2:15-16, 약1:14-15

나눔 자신에게 왜 고난이 찾아왔다고 생각하십니까?

2. 우리 삶에서 실제로 겪게 되는 고난은 어떤 것들이 있습니까? 골3:5-6, 히11:24-26

나눔 현재 겪고 있는 고난은 무엇입니까?

3. 고난당할 때 우리가 취해야 할 행동은 무엇입니까?

롬12:2, 엡6:13, 벧전4:12-13, 약1:2-4

나눔 자신이 감당치 못할 상황이 발생했을 때 누구를 의지 했습니까?

4. 욥과 예레미아는 자신들에게 닥친 고난에 대하여 어떻게 반응했습니까? 욥1:20-22, 렘3:21-23

나눔 당신이 겪고 있는 고난의 의미를 생각해 보십시오.

믿음은 내 앞에 놓여있는 문제와 상황을 보는 것이 아니라 하나님 아버지를 바라보는 것입니다. 요6:35 예수님께서는 십자가 없는 영광은 거절하셨습니다. 고난 없는 부요는 진정한 부요가 아닙니다. 고난 없는 영광도 진정한 영광이 아닙니다. 하늘나라의 비밀은 고통과 환난을 통해 다가설 수 있습니다.

5. 고난을 이길 수 있는 방법은 무엇입니까? 마6:33, 요16:33, 요일5:4-5

나눔 당신은 고난에서 어떻게 벗어났습니까?

6. 고난을 이길 수 있도록 돕는 분은 누구입니까?

고전10:13, 시34:19, 벧전5:6-7

나눔 고난 중에 하나님과의 관계는 어떠했습니까?

7. 그리스도인들이 고난을 통해 얻는 유익은 무엇입니까?

시34:19-20, 119:67,71, 롬8:17-18,28, 고후1:4-5

나눔 때로는 고난이 유익일 수 있습니다. 왜 그렇습니까?

그리스도인에게도 고난은 쉽지 않은 일입니다. 그러나 닥쳐온 고난에 대해 어떻게 반응하느냐에 따라 시험과 고난은 축복의 시작이며, 새로운 찬스가 됩니다. 중요한 것은 고난을 당할 때에 하나님 앞에 무릎 꿇고 도우심의 손길을 구하는 것입니다. 하나님은 내가 아무것도 할 수 없을 때 찾아오셔서 일하십니다. 믿음은 내 앞에 놓여있는 문제와 상황을 보는 것이 아니라 예수그리스도의 십자가를 바라보는 것입니다 요6:35.

12번째 만남

방 해

생활 숙제

1. 살전5장을 읽으십시오.
2. 살전5:16-18을 암송하십시오.
3. 12번째 만남을 예습하십시오.
4. 주일설교를 요약하십시오.
5. 매일 큐티를 하십시오.

12번째 만남

방 해

구원받은 하나님의 백성들은 주님의 뜻에 따라 살려고 노력합니다. 그러나 노력에도 불구하고 무엇이 자신의 신앙생활을 방해하고 있는지 의식하지도 못한 채, 죄 가운데 넘어지고 실수하는 경우가 종종 있습니다. 하나님께 가까이 가려는 우리들을 막아서는 방해요인이 있기 때문입니다.

방해하는 요인들을 분명히 파악하고 대처해 나갈 때, 우리의 신앙생활은 반석위에 기초를 놓은 것처럼 튼튼해 질 수 있습니다.

1. 신앙생활을 방해하는 요인은 어떤 것들이 있습니까?

   1) 창3:5-6, 13, 벧전5:8

   ---

   2) 롬7:22-23, 약1:14-15

   ---

3) 엡2:8-9, 갈2:16

4) 잠16:18

나눔 나를 가로막고 있는 가장 큰 방해요인은 무엇입니까?

2. 방해요인들은 우리의 신앙생활에서 어떻게 나타납니까?

1) 마6:5, 23:25

2) 창28:20-22

3) 마7:3-5

4) 마19:21-22

나눔 자신에게 나타나고 있는 방해의 구체적인 모습은 무엇입니까?

3. 방해요인들을 어떻게 극복할 수 있습니까?

1) 행1:8

2) 시23편

3) 롬12:2

4) 행2:46, 히10:24-25

나눔 방해요인을 어떻게 극복했는지 나누어 보십시오.

그리스도인들에게 신앙의 방해요소가 없다는 것은 좋은 일만은 아닙니다. 예수 그리스도를 영접한 성도가 세상에서 살아가려면 끊임없이 방해세력이 접근하게 되어 있습니다. 어둠의 세력은 성도가 세상에서 선한 영향력, 복음의 영향력을 끼치는 것을 결코 좌시하지 않습니다. 성도에게 신앙생활의 방해가 있다는 것은 십자가 앞으로 더욱더 가깝게 나갈 수 있는 기회가 됩니다.

13번째 만남

리 더

생활 숙제

1. 막10장을 읽으십시오.
2. 막10:44-45을 암송하십시오.
3. 13번째 만남을 예습하십시오.
4. 주일설교를 요약하십시오.
5. 매일 큐티를 하십시오.

13번째 만남

리 더

우리는 말씀과 교회, 그리고 하나님이 세우신 권위 앞에 순종해야 합니다. 예수를 믿는다는 것, 예수님의 제자가 된다는 것은 멀찍이 서서 십자가를 바라보는 것이 아닙니다. 그것은 날마다 십자가에 자기 자신을 못 박는 순종을 통하여 확증됩니다. 교회의 리더십이 된다는 것은 다만 예수님을 본받는 것이 아니라 예수님의 죽음이 내 죽음이 되고, 예수님의 부활이 내 부활이 된다는 것을 의미합니다. 제자란 자기주인의 고난과 버림받음과 십자가의 죽음에 참여하는 것입니다. 하나님은 나를 통해 일하시기를 원하시는 것이 아니라 내가 하나님께 순종하는 사람으로 변하길 원하십니다.

1. 성경에서 말하는 참 리더란 누구입니까? 마23:10

나눔 이제까지 어떤 사람들을 리더라고 생각해 왔습니까?

2. 예수님의 리더십은 어떻게 나타났습니까?

1) 막10:45

---

2) 요13:4-5

3) 요10:15

나눔 당신은 어떤 종류의 리더십이 있다고 생각합니까?

리더십은 사람을 조종하고 관리하는 것이 아닙니다. 사람들의 문제를 풀어주고 필요를 채워주는 것입니다. 아픔을 만져주고 상처를 치유해 건강하게 만드는 것이 리더의 역할입니다.

3. 리더란 순종하는 사람입니다.

1) 예수님의 순종은 어떤 결과를 이루었습니까? 롬5:19, 빌2:6-8

2) 아브라함의 순종은 어떤 결과를 이루었습니까? 창12:1-3, 22:16-18

3) 베드로의 순종은 어떤 결과를 이루었습니까? 눅5:5-6, 요21:6

나눔 순종을 통해서 하나님의 나라를 이룬 경험을 나누어 보십시오.

순종은 이제까지 내가 가장 가치 있다고 여기며 붙잡고 있던 것들을 포기하고 하나님의 뜻을 따르는 것을 말합니다. 우리는 순종할 수 있는 조건을 찾습니다. 그러나 순종은 자아의 죽음입니다. 꽃은 아름답지만 시들지 않으면 열매를 맺을 수 없습니다. 우리는 어떤 재료로 만든 그릇인가를 따집니다. 중요한 것은 주님이 쓰시고자 할 때 즉시 내어 드릴 수 있는 깨끗한 그릇이 가장 소중한 그릇입니다. 우리 인생에서 예수 그리스도의 필요를 채워드리는데 쓰임 받을 시간이 그리 많이 남아 있지 않음을 기억해야 합니다.

4. 리더란 자기를 부인하는 사람입니다. 눅9:23, 요12:24, 롬12:1

1) 다비다는 어떤 복을 누렸습니까? 행9:36-37,40

----

2) 옥합을 깬 여인은 어떤 복을 누렸습니까? 눅7:37-38,50

나눔 공동체의 유익을 위해 자신의 유익을 포기한 경험이 있습니까?

5. 리더의 자질에는 무엇이 있습니까?

1) 요13:14-15

2) 롬15:1-2

3) 롬12:15,18

4) 전7:29, 시112:4

5) 요4:23

나눔 하나님께서 당신에게 주신 자질은 무엇입니까?

6. 세상에서의 리더와 교회 공동체 리더의 차이에 대해 요약해 보십시오.

리더는 자신이 이끄는 사람들을 움직여 하나님의 일을 감당하게 하고 하나님의 뜻을 이루어 가게 하는 사람입니다. 또한 사람들로 하여금 현재의 자리에서 벗어나 하나님이 원하시는 자리로 옮겨가게 만드는 사람입니다. 하나님께 순종하는 방법을 제시해 주는 것에서 그치는 것이 아니라 자신이 직접 하나님께 순종하는 것을 보여주는 사람이 진정한 리더입니다.

한사람 제자양육 성경공부 훈련은 하나님과 나와의 관계, 나와 이웃과의 관계, 나와 세상과의 관계를 끊임없이 점검하며, 예수 그리스도의 제자의 삶을 사는 것을 목표로 합니다. 우리는 이제까지 우리의 계획 속에 예수님을 끌어들여 조종하려 했었습니다. 하지만 이제부터는 우리가 예수님의 계획 속에 들어가는 삶, 즉 예수 그리스도가 다스리는 삶을 살아야 합니다. 이럴 때 우리 삶의 모든 영역에서 우리를 통하여 이루실 하나님의 뜻이 드러나기 시작하며, 우리 삶의 목적과 방향이 정확하게 정립되어지기 시작합니다.

부 록

1. 한사람 제자양육이란?
2. 한사람 제자양육의 중요성
3. 나눔의 원리
4. 학습 방법
5. 구원의 확신을 위한 성경말씀
6. 성경 암송 구절

1. 한사람 제자양육이란?

한사람 제자양육은 멘토와 멘티가 일대일로 만나 말씀을 공부하고 삶을 나누는 것을 말합니다. 멘토(Mentor)는 지도와 도움을 주는 사람이며, 멘티(Mentee)는 지도와 도움을 받는 사람입니다. 멘토는 하나님께서 자신에게 주신 여러 자원을 멘티에게 나누어 주며, 멘티가 가지고 있는 잠재력을 발견할 수 있도록 도와주는 영적 영향력이 있는 사람입니다. 예수님은 평범한 사람을 부르셔서 그들을 제자로 삼으시고 훈련시키셨으며, 그 제자들로 하여금 교회를 이루게 하셨습니다. 그리고 부활 후 승천하시기 전, 이 사역을 제자들에게 계속하도록 부탁하셨습니다. 제자들의 순종은 온 민족과 열방으로 복음이 전파되는데 쓰임 받는 도구가 되었고, 우리에게도 복음이 전해져서 구원의 영광을 누리게 되었습니다.

> "하늘과 땅의 모든 권세를 내게 주셨으니 그러므로 너는 가서 모든 족속으로 제자를 삼아 아버지와 아들과 성령의 이름으로 세례를 주고 내가 너희에게 분부한 모든 것을 가르쳐 지키게 하라 볼지어다 내가 세상 끝날 까지 너희와 항상 함께 있으리라" 마28:19-20

한사람 제자양육은 예수님을 믿는 사람들을 가르쳐 그리스도께 순종하게 하는 것입니다. 가르치는 것과 가르쳐 지키게 하는 일은 다릅니다.

가르쳐 지키게 하는 일은 예수님이 하셨던 것처럼 삶의 나눔을 통해 섬김의 본을 보이는 것으로만 가능합니다.

> "내 아들아 그러므로 네가 그리스도 예수 안에 있는 은혜 가운데서 강하고 또 네가 많은 증인 앞에서 내게 들은 바를 충성된 사람들에게 부탁하라 그들이 또 다른 사람들을 가르칠 수 있으리라" 딤후2:1-2

한사람 제자양육은 예수님의 제자로서의 삶을 살게 하는 능력 있는 사역입니다. 에베소서 4장 11-16절은 그리스도의 몸 된 교회가 성장하는 원리를 가르쳐주고 있습니다. 교회의 사역가운데 가장 중요한 것은 말씀으로 하나님의 사람을 세우는 일입니다. 이를 통하여 그리스도의 몸 된 교회를 세우고 하나님의 나라를 이루어 가는 것입니다. 제자양육은 교회를 교회되게 하고, 성도를 하나님의 사람으로 세우는 능력 있는 사역입니다.

한사람 제자양육은 단순히 성경 지식을 전달하는 성경공부가 아닌 성령의 사역입니다. 형식적인 그리스도인이 아니라 신앙과 삶이 일치하는 참된 그리스도인을 길러내는 것에 목적이 있으며, 자기중심의 그리스도인이 아니라 성경중심의 그리스도인으로 세우는데 있습니다. 그렇기에 말씀을 가르치는 멘토와 말씀을 배우는 멘티가 개인적으로 만나 하나님의 말씀을 체계적으로 공부하며, 서로의 삶을 나누고, 함께 기도하며, 성도의 관계를 맺어 가는 것입니다. 이렇게 하며 멘토와 멘티가 동시에 영적으로 성장해 나가는 것입니다.

2. 한사람 제자양육의 중요성

1) 효과적인 양육 방법입니다.

멘토와 멘티의 관계 사이에서 양육을 하면 강의식이나 소그룹 성경공부와는 다른 확실한 영향력이 있습니다. 강의나 소그룹의 공부 방법에서는 개인적인 문제를 다루기가 쉽지 않습니다. 그리고 그룹 성경공부는 그룹 전체를 위한 것이기에 각 개인에게 필요한 내용 전달에 한계가 있음을 부인할 수 없습니다. 그러나 멘토와 멘티 관계 사이에서 양육과 나눔이 이루어지면 효과적으로 교육내용들이 전달되어질 수 있습니다. 또한 멘티가 개인적으로 구원의 확신이 있는지를 확실하게 점검할 수 있는 것도 큰 장점입니다. 이 점이 강의식이나 소그룹과 큰 차이점입니다.

2) 상대방의 인격을 배려하는 양육 방법입니다.

현대인들에게 필요한 것은 인격적인 만남입니다. 지식적으로는 많은 것을 가지고 있을지 모르지만 인격적으로 메말라 있는 것이 현대인들의 모습입니다. 이런 상황에서 사람들은 자신을 드러내기 보다는 감추는 것에 익숙해져 있습니다. 문제는 가슴속 깊은 곳에 숨어있는 상처들은 드러내기 전엔 치유와 회복이 어렵다는데 있습니다. 멘토와 멘티가 만나 어디서도 말할 수 없었던 아픈 이야기들을 들어주고, 공감해주고, 기도해줄 때, 변화가 일어나기 시작합니다. 제자양육의 열쇠는 공감해주고 사랑해 주는데 있습니다. 관계의 회복은 상대방을 배려하는 것으로부터 시작합니다.

3) 멘토에게 영적 성장의 기회입니다.

멘토는 하나님께서 맡겨주신 멘티를 잘 섬기기 위해선 먼저 성령의 인도하심을 구해야 합니다. 교재의 내용을 효과적으로 전달하기 위하여 연구하며, 준비하는 시간도 중요하지만, 무엇보다도 멘티를 예수님처럼 댓가를 치르며 사랑하겠다는 마음의 준비가 있어야 합니다. 그리고 멘티를 위해 끊임없이 중보기도를 해야 합니다. 이런 준비 과정을 통해 멘토는 목회자들의 심정을 알게 되고, 자기도 그 심정을 품게 됩니다. 이것은 영적으로 성숙할 수 있는 새로운 기회를 얻는 일입니다.

4) 제자양육은 교회의 본질적 사역입니다.

제자양육의 핵심은 재생산에 있습니다. 교회가 교회를 계속 세워가지 못한다면 문제입니다. 건강한 교회는 새로운 교회를 계속 낳고 세워가야 합니다. 마찬가지로 예수 그리스도의 제자 된 우리들도 계속하여 제자를 낳는 재생산이 이루어져야 합니다. 디모데후서 2장 1-2절은 충성된 사람이 또 다른 사람을 양육함으로써 복음의 능력을 극대화 시키는 재생산의 원리를 설명해 주고 있습니다. 이러한 원리에 의하여 멘티에게 멘토가 되도록 비전을 심어주어, 하나님의 나라를 넓히는데 쓰임 받는 삶을 살아가도록 동기부여를 하는 것입니다. 이러한 제자양육은 필연적으로 교회를 바로 세우고 영적으로 성장시키는 요소가 되는 것입니다. 엡4:11-16

3. 나눔의 원리

우리는 매일 거울을 봅니다. 거울을 보는 이유는 자신이 자신의 모습을 볼 수 없기에 거울을 통해 자신을 보기 위함입니다. 거울을 보면서 헝클어진 머리 모양을 바로 다듬고, 수염을 깎고, 옷매무새를 정리하는 등 흐트러진 자신의 모습을 바로잡아 가기 시작합니다. 만약 거울이 없다면 이런 일들은 남이 대신해 주어야 할 것입니다. 하지만 남이 해준다 해도 자신은 자신의 모습을 결코 바로 볼 수가 없을 것입니다. 자신의 모습을 볼 수 있어야 자신의 모습에 어떤 문제가 있는 것인지 정확히 알 수 있고, 또 교정할 수 있을 것입니다.

한사람 제자양육 성경공부는 말씀에 기초한 삶의 나눔입니다. 그렇기에 나눔의 원리를 바로 알고 양육을 진행한다면 교회를 든든히 세워 가는데 쓰임 받는 강력한 도구로서 자리매김 할 것입니다. 삶의 나눔이란 멘토와 멘티가 예수 그리스도란 말씀의 거울을 통해 자신들의 현재의 모습을 바라보는 것입니다. 그리고 거울에 비추어진 자신들의 모습을 말씀으로 교정해 가고, 회복해 가는 과정을 말합니다.

우리들은 신앙생활을 하면서 상대적인 평가를 통해 자신을 볼 때가 얼마나 많은지 모릅니다. 그렇기에 남들을 보면서 내가 더 신앙적으로 성숙되어 있고, 도덕적으로 윤리적으로 깨끗하다고, 자신을 합리화 시킵니다. 하지만 말씀의 거울을 통해 자신을 조명해 보면 다릅니다. 말씀이란 거울에 자신을 비추어 보아야 비로소 일그러져 있던 자신의 모습을 발견할 수 있는 것이지요. 자신의 참 모습을 발견할 수 있어야 회복할 기회도 가질 수 있습니다.

한사람 제자양육의 나눔은 하나님께서 우리를 창조하신 원래의 형상대로 회복해 가는 과정입니다. 한사람 제자양육을 성경공부가 목표가 아니라 삶의 나눔이라고 강조하는 이유도 여기에 있습니다. 성경공부는 매우 중요합니다. 모든 것이 성경으로부터 시작되기 때문입니다. 성경이 모범답안입니다. 하지만 모범답안이 제시해 주는 것처럼 삶을 살지 않고, 또 교정해 가지 않는다면 말씀은 우리 삶에서 아무런 능력도 드러내지 못합니다. 멘토와 멘티가 말씀으로 자신들을 교정해가며 영향력 있는 삶을 살아갈 때에, 한사람 제자양육 성경공부는 예수 그리스도의 제자를 끊임없이 재생산해 나가는 강력한 툴이 될 것 입니다.

4. 학습 방법

1. 한사람 제자양육은 성경공부라기 보다는 멘토와 멘티가 성경말씀에 근거하여 서로의 삶을 나누며 예수 그리스도의 제자로 성장해 나가는 과정입니다. 그러므로 철저한 예습이 중요합니다.
2. 각 과의 전면에 제시되어 있는 생활 숙제(성경읽기, 성경암송, 예습, 주일 예배 설교 노트, 큐티)를 빠짐없이 하십시오.
3. 각 과의 짝수 페이지에 제시되어 있는 모든 성경구절은 순서대로 성경에서 찾아 홀수 페이지에 적으십시오. 그리고 짝수 페이지에 제시된 각 문항의 질문은, 홀수 페이지에 적은 성경구절을 참고하여 빈칸에 적어 넣으십시오.
4. 각 과목은 멘토의 기도로 시작하십시오. 공부가 끝나면 멘티의 기도로 마무리 하십시오. 만약 멘티의 기도내용이 공부한 내용과 무관하다면, 멘토가 그 과목을 요약하는 기도로 마무리 하십시오.
5. 만남은 1주에 1번씩을 원칙으로 하지만 환경에 따라서 탄력적으로 운용할 수 있습니다. 신앙수련회나 선교지에선 필요에 따라 2-3일 정도의 시간 안에 끝낼 수도 있습니다. 서로 만나 장시간동안 교제하는 것도 중요하지만 더 중요한 것은 양육이 끝난 이후에도 서로를 위한 관심과 배려 그리고 복음의 동역자로 중보하는 일입니다.

5. 구원의 확신을 위한 성경말씀

예수 그리스도를 영접하고 구원받은 사람은 구원의 확신이 있어야 합니다. 하지만 자신의 감정은 상황에 따라 언제나 변할 수 있습니다. 그러나 하나님의 말씀은 변하지 않습니다. 신실하신 약속의 말씀을 늘 가슴에 새기고 있어야 합니다.

롬10:13 누구든지 주의 이름을 부르는 자는 구원을 얻으리로다.

롬10:9-10 네가 만일 네 입으로 예수를 주로 시인하며 또 하나님께서 그를 죽은 자 가운데서 살리신 것을 네 마음에 믿으면 구원을 얻으리니 사람이 마음으로 믿어 의에 이르고 입으로 시인하여 구원에 이르느니라.

요일5:10-11 하나님의 아들을 믿는 자는 자기 안에 증거가 있고 하나님을 믿지 아니하는 자는 하나님을 거짓말 하는 자로 만드나니 이는 하나님께서 그 아들에 관하여 증거 하신 증거를 믿지 아니하였음이라 또 증거는 이것이니 하나님이 우리에게 영생을 주신 것과 이 생명이 그의 아들 안에 있는 그것이니라.

롬8:1-2 그러므로 이제 그리스도 예수 안에 있는 자에게는 결코 정죄함이 없나니 이는 그리스도 예수 안에 있는 생명의 성령의 법이 죄와 사망의 법에서 너를 해방하였음이라.

고후5:21 하나님이 죄를 알지도 못하신 자로 우리를 대신하여 죄를 삼으신 것은 우리로 하여금 저의 안에서 하나님의 의가 되게 하려 하심이라.

골1:13-14 그가 우리를 흑암의 권세에서 건져 내사 그의 사랑의 아들의 나라로 옮기셨으니 그 아들 안에서 우리가 구속 곧 죄 사함을 얻었도다.

엡1:7 우리가 그리스도안에서 그의 은혜의 풍성함을 따라 그의 피로 말미암아 구속 곧 죄 사함을 받았으니 사43:25 나 곧 나는 나를 위하여 네 허물을 도말하는 자니 네 죄를 기억하지 아니하리라.

사1:18 여호와께서 말씀하시되 오라 우리가 서로 변론하자 너희 죄가 주홍 같을찌라도 눈과 같이 희어질 것이요 진홍같이 붉을찌라도 양털같이 되리라.

갈2:16 사람이 의롭게 되는 것은 율법의 행위에서 난 것이 아니요 오직 예수 그리스도를 믿음으로 말미암는 줄 아는 고로 우리도 그리스도 예수를 믿나니 이는 우리가 율법의 행위에서 아니고 그리스도를 믿음으로 의롭다함을 얻으려 함이라 율법의 행위로서는 의롭다 함을 얻을 육체가 없느니라.

롬6:22 그러나 이제는 너희가 죄에게서 해방되고 하나님께 종이 되어 거룩함에 이르는 열매를 얻었으니 이 마지막은 영생이라.

롬6:10-11 그의 죽으심은 죄에 대하여 단번에 죽으심이요 그의 살으심은 하나님께 대하여 살으심이니 이와 같이 너희도 너희 자신을 죄에 대하여는 죽은 자요 그리스도 예수 안에서 하나님을 대하여는 산 자로 여길찌어다.

요1:12-13 영접하는 자 곧 그 이름을 믿는 자들에게는 하나님의 자녀가 되는 권세를 주셨으니 이는 혈통으로나 육정으로나 사람의 뜻으로 나지 아니하고 오직 하나님께로서 난 자들이니라.

골1:13 그가 우리를 흑암의 권세에서 건져 내사 그의 사랑의 아들의 나라로 옮기셨으니

롬8:14-15 무릇 하나님의 영으로 인도함을 받는 그들은 곧 하나님의 아들이라. 너희는 다시 무서워하는 종의 영을 받지 아니 하였고 양자의 영을 받았으므로 아바 아버지라 부르짖느니라.

눅20:36 저희는 다시 죽을 수도 없나니 이는 천사와 동등이요 부활의 자녀로서 하나님의 자녀임이니라.

갈3:26 너희가 다 믿음으로 말미암아 그리스도 예수 안에서 하나님의 아들이 되었으니

롬8:38-39 내가 확신하노니 사망이나 생명이나 천사들이나 권세자들이나 현재 일이나 장래 일이나 능력이나 높음이나 깊음이나 다른 아무 피조물이라도 우리를 우리 주 그리스도 예수 안에 있는 하나님의 사랑에서 끊을 수 없으리라.

요5:24 내가 진실로진실로 너희에게 이르노니 내말을 듣고 또 나 보내신 이를 믿는 자는 영생을 얻었고 심판에 이르지 아니하나니 사망에서 생명으로 옮기었느니라.

요3:16 하나님이 세상을 이처럼 사랑하사 독생자를 주셨으니 이는 그를 믿는 자마다 멸망하지 않고 영생을 얻게 하려 함이니라.

요17:2-3 아버지께서 아들에게 주신 모든 사람에게 영생을 주게 하시려고 만민을 다스리는 권세를 아들에게 주셨음 이로소이다.

요일5:11-13 아들이 있는 자에게는 생명이 있고 하나님의 아들이 없는 자에게는 생명이 없느니라. 내가 하나님의 아들의 이름을 믿는 너희에게 이것을 쓴 것은 너희로 하여금 너희에게 영생이 있음을 알게 하려 함이라.

롬5:21 이는 죄가 사망 안에서 왕 노릇한 것같이 은혜도 또한 의로 말미암아 왕 노릇 하여 우리 주 예수 그리스도로 말미암아 영생에 이르게 하려 함이니라.

요10:28-29 내가 저희에게 영생을 주노니 영원히 멸망치 아니할 터이요 또 저희를 내 손에서 빼앗을 자가 없느니라 저희를 주신 내 아버지는 만유보다 크시매 아무도 아버지 손에서 빼앗을 수 없느니라.

행16:31 가로되 주예수를 믿으라 그리하면 너와 네 집이 구원을 얻으리라.

행4:12 다른 이로서는 구원을 얻을 수 없나니 천하인간에 구원을 얻을만한 다른 이름을 우리에게 주신일이 없음이니라 하였더라.

엡2:8-9 너희가 그 은혜를 인하여 믿음으로 말미암아 구원을 얻었나니 이것이 너희에게서 난 것이 아니요 하나님의 선물이라 행위에서 난 것이 아니니 이는 누구든지 자랑치 못하게 함이니라.

롬5:8-10 우리가 아직 죄인 되었을 때에 그리스도께서 우리를 위하여 죽으심으로 하나님께서 우리에게 대한 자기의 사랑을 확증하셨느니라. 그러면 이제 우리가 그 피로 인하여 의롭다하심을 얻었은즉 더욱 그로 말미암아 진노하심에서 구원을 얻을 것이니 곧 우리가 원수 되었을 때에 그 아들의 죽으심으로 말미암아 하나님으로 더불어 화목 되었은즉 화목된 자로서는 더욱 그의 살으심을 인하여 구원을 얻을 것이니라.

요14:6 예수께서 이르시되 내가 곧 길이요 진리요 생명이니 나로 말미암지 않고는 아버지께로 올 자가 없느니라.

롬1:16 내가 복음을 부끄러워하지 아니하노니 이 복음은 모든 믿는 자에게 구원을 주시는 하나님의 능력이 됨이라 첫째는 유대인에게요 또한 헬라인에게로다.

고전12:3 그러므로 내가 너희에게 알게 하노니 하나님의 영으로 말하는 자는 누구든지 예수를 저주할 자라 하지 않고 또 성령으로 아니하고는 누구든지 예수를 주시라 할 수 없느니라.

갈4:6 너희가 아들인 고로 하나님이 그 아들의 영을 우리 마음 가운데 보내사 아바 아버지라 부르게 하셨느니라.

롬3:23-24 모든 사람이 죄를 범하였으매 하나님의 영광에 이르지 못하더니 그리스도 예수 안에 있는 구속으로 말미암아 하나님의 은혜로 값없이 의롭다 하심을 얻은 자 되었느니라.

고후5:17 그런즉 누구든지 그리스도 안에 있으면 새로운 피조물이라 이전 것은 지나갔으니 보라 새것이 되었도다.

벧전1:23 너희가 거듭난 것은 썩어질 씨로 된 것이 아니요 썩지 아니 할 씨로 된 것이니 살아있고 항상 있는 하나님의 말씀으로 되었느니라.

롬3:28 그러므로 사람이 의롭다 하심을 얻는 것은 율법의 행위에 있지 않고 믿음으로 되는 줄 우리가 인정하노라.

요3:17-18 하나님이 그 아들을 세상에 보내신 것은 세상을 심판하려 하심이 아니요 그로 말미암아 세상이 구원을 받게 하려 하심이라. 그를 믿는 자는 심판을 받지 아니하는 것이요 믿지 아니하는 자는 하나님의 독생자의 이름을 믿지 아니하므로 벌써 심판을 받은 것이니라.

딛 3:5 우리를 구원하시되 우리의 행한바 의로운 행위로 말미암지 아니하고 오직 그의 긍휼하심을 좇아 중생의 씻음과 성령의 새롭게 하심으로 하셨나니 구원이란 여러 가지 선물을 담고 있는 종합 선물세트와 같다. 예수 그리스도를 믿음으로 말미암아 우리는 영원하고 완전한 죄 사함을 얻는다. 그리고 하나님 앞에서 의인이라 칭함을 받고, 예수 그리스도와 영적으로 연합되며, 하나님의 자녀로서 하나님의 나라를 상속받게 된다. 또한 영원한 생명을 누리게 된다.
구원의 확신이란! 내가 구원받은 하나님의 자녀라는 것을 의심하지 않고 확실하게 인정하는 것이다. 즉 하나님이 내 삶의 주인이시며, 나의 모든 죄가 예수 그리스도의 십자가 대속으로 인하여 사함 받았고, 사단이 더 이상 나를 주장하지 못하는 하나님의 자녀가 되었다는 사실을 흔들림 없이 인정하는 것이 구원의 확신이다.

1. 왜 구원 받아야 하는가?
   인간이 범죄 함으로 말미암아 하나님을 떠난 순간부터 제한된 시간과 공간에 머무르다 영원한 사망으로 갈 수 밖에 없는 존재이기 때문이다.

2. 구원받았다는 것은 무엇을 의미하는가?
   신분의 변화(죄인에서 의인으로), 하나님과 화해함, 하나님의 자녀가 됨, 새로운 피조물로 회복됨을 의미한다.

3. 믿음은 무엇인가?
   선포된 복음을 받아들이는 것이다. 롬6:3-5 죄의 문제를 해결하지 않고는 어떤 누구도 하나님 앞에 나아갈 수 없다. 구원은 우리의 죄악을 십자가위에서 자신의 몸으로 해결하신 예수 그리스도께만 있다.

구원의 확신이란 자신이 구원받은 하나님의 자녀라는 것을 의심하지 않고 확실하게 인정하는 것이다. 다시 말해 종교적 체험이 없더라도 말씀에 의해 자신이 구원받았다는 사실을 조금도 의심하지 않는 상태를 말한다.

6. 성경 암송 구절

1번째 만남 : 창조의 은혜

창1:26 하나님이 이르시되 우리의 형상을 따라 우리의 모양대로 우리가 사람을 만들고 그들로 바다의 물고기와 하늘의 새와 가축과 온 땅과 땅에 기는 모든 것을 다스리게 하자 하시고

창2:7 여호와 하나님이 땅의 흙으로 사람을 지으시고 생기를 그 코에 불어 넣으시니 사람이 생령이 되니라

2번째 만남 : 구속의 은혜

빌2:6-8 그는 근본 하나님의 본체시나 하나님과 동등됨을 취할 것으로 여기지 아니하시고, 오히려 자가를 비워 종의 형체를 가지사 사람들과 같이 되셨고, 사람의 모양으로 나타나사 자기를 낮추시고 죽기까지 복종하셨으니 곧 십자가에 죽으심이라

3번째 만남 : 부활의 은혜

요11:25-26 예수께서 이르시되 나는 부활이요 생명이니 나를 믿는 자는 죽어도 살겠고, 무릇 살아서 나를 믿는 자는 영원히 죽지 아니하리니 이것을 네가 믿느냐

4번째 만남 : 영생의 은혜

엡2:8-9 너희는 그 은혜에 의하여 믿음으로 말미암아 구원을 받았으니 이것은 너희에게서 난 것이 아니요 하나님의 선물이라, 행위에서 난 것이 아니니 이는 누구든지 자랑하지 못하게 함이라.

요5:24 내가 진실로 너희에게 이르노니 내 말을 듣고 또 나 보내신 이를 믿는 자는 영생을 얻었고 심판에 이르지 아니하나니 사망에서 생명으로 옮기었느니라.

5번째 만남 : 성령

요14:16-17 내가 아버지께 구하겠으니 그가 또 다른 보혜사를 너희에게 주사 영원토록 너희와 함께 있게 하리니, 그는 진리의 영이라 세상은 능히 그를 받지 못하리니 이는 그를 보지도 못하고 알지도 못함이라 그러나 너희는 그를 아나니 그는 너희와 함께 거하심이요 또 너희 속에 계시겠음이라.

6번째 만남 : 교회

마16:16-18 시몬 베드로가 대답하여 이르되 주는 그리스도시오 살아 계신 하나님의 아들이시니이다, 예수께서 대답하여 이르시되 바요나 시몬아 네가 복이 있도다 이를 네게 알게 한 이는 혈육이 아니요 하늘에 계신 내 아버지이시라, 또 내가 네게 이르노니 너는 베드로라 내가 이 반석 위에 내 교회를 세우리니 음부의 권세가 이기지 못하리라.

7번째 만남 : 성례

고후5:17 그런즉 누구든지 그리스도 안에 있으면 새로운 피조물이라 이전 것은 지나갔으니 보라 새 것이 되었도다.

8번째 만남 : 성경

요20:31 오직 이것을 기록함은 너희로 예수께서 하나님의 아들 그리스도이심을 믿게 하려 함이요 또 너희로 믿고 그 이름을 힘입어 생명을 얻게 하려 함이라.

9번째 만남 : 기도

눅22:42 이르시되 아버지여 만일 아버지의 뜻이거든 이 잔을 내게서 옮기시옵소서 그러나 내 원대로 마옵시고 아버지의 원대로 되기를 원하나이다 하시니

10번째 만남 : 전도

마28:19-20 그러므로 너희는 가서 모든 민족을 제자로 삼아 아버지와 아들과 성령의 이름으로 세례를 베풀고, 내가 너희에게 분부한 모든 것을 가르쳐 지키게 하라 볼지어다 내가 세상 끝 날까지 너희와 항상 함께 있으리라 하시니라.

11번째 만남 : 고난

벧전4:12-13 사랑하는 자들아 너희를 연단하려고 오는 불 시험을 이상한 일 당하는 것 같이 이상히 여기지 말고, 오히려 너희가 그리스도의 고난에 참여하는 것으로 즐거워하라 이는 그의 영광을 나타내실 때에 너희로 즐거워하고 기뻐하게 하려 함이라.

12번째 만남 : 방해

살전5:16-18 항상 기뻐하라, 쉬지 말고 기도하라, 범사에 감사하라 이것이 그리스도 예수 안에서 너희를 향하신 하나님의 뜻이니라.

13번째 만남 : 리더

막10:44-45 너희 중에 누구든지 으뜸이 되고자 하는 자는 모든 사람의 종이 되어야 하리라, 인자가 온 것은 섬김을 받으려 함이 아니라 도리어 섬기려 하고 자기 목숨을 많은 사람의 대속물로 주려 함이니라.